AF257403

Lb 41
450

ÉLOGE

DE LOUIS XVI,

PROPOSÉ

PAR L'ACADÉMIE DE TOULOUSE,

POUR LE 1er. JANVIER 1816.

PROGRAMME.

« Manifester dans ce Discours son respect et sa vénération pour la
» mémoire d'un Roi, victime de son amour pour ses sujets. »

LE PRIX EST UN LYS D'OR.

At rex erat sanctus et mitis !

CE DISCOURS A ÉTÉ ENVOYÉ AU CONCOURS.

A PARIS,

L. G. MICHAUD, IMPRIMEUR DU ROI,

RUE DES BONS-ENFANTS, N°. 34.

M. DCCC. XVI.

AVERTISSEMENT

DE L'AUTEUR.

L'ÉLOGE DE LOUIS XVI avait été annoncé pour le 1er. octobre 1814 ; il paraît que les discours qui ont été adressés, n'ont point rempli le but que l'Académie s'était proposé. Elle n'en a pas moins l'honneur de la priorité.

Elle a fait remettre le même sujet pour le 1er. octobre 1815, avec le programme qu'on vient de lire, sans doute pour fixer le travail des auteurs, et marquer les bornes dans lesquelles il fallait se renfermer.

Les malheureux événements arrivés en mars et avril derniers, devaient nécessairement interrompre ce travail. L'Académie l'a bien compris ; elle a prorogé le délai jusqu'au 1er. janvier de la présente année, 1816.

Il y a vingt-cinq ans que j'ai renoncé à défendre toute cause particulière, comme c'était mon état et celui de mes pères ; depuis, je n'ai employé mon temps et mes travaux qu'à défendre la cause royale et à soutenir les vrais principes. J'ai cru, *comme doyen des otages, et comme défenseur de Louis XVI*, ne pouvoir mieux terminer ma carrière, qu'en essayant de faire l'éloge d'un prince dont j'ai toujours respecté, honoré et admiré les vertus.

Je m'étais mis volontairement sur les rangs pour le défendre, j'ai eu le courage de le faire ; j'ai pensé que je pouvais me mettre sur les rangs pour entreprendre son éloge. Il y a cependant cette différence, que le génie et le talent sont nécessaires pour célébrer ses rares vertus, tandis que pour le défendre il ne fallait montrer qu'un noble dévouement.

Le *Journal des Débats* ayant annoncé, le 13 novembre dernier, que le délai était prorogé jusqu'au 1er. janvier de la présente année, je n'ai plus écouté que les mouvements de mon cœur. Dès le même jour j'ai pris la plume, et le 28 du même mois j'ai adressé à M. le secrétaire perpétuel mon Discours, tel qu'on va le lire, à l'exception de l'*Invocation* qui le termine.

Cette invocation m'a été inspirée depuis, par la noble et magnanime conduite des deux chambres. A travers les nuages épais de la douleur, la France renaissante a vu luire les beaux temps de Louis XII, ainsi que je l'avais prédit pag. 78 et 79, dans mon Discours sur l'ancienne monarchie française, imprimé en 1798.

Je desire que mon travail ait répondu à mon zèle, et qu'il ait mérité de fixer l'attention de mes honorables juges. C'est ce qui doit être décidé maintenant.

Je n'ai pour but aujourd'hui que de faire voir à mes collégues (les courageux *otages*), que Dieu ayant bien voulu me réserver pour être leur doyen, j'ai dû chercher à m'en montrer digne.

J'ai fait imprimer ce Discours dans le même format que le livre des *Otages* ; j'en tiendrai un exemplaire à la disposition de chacun de ceux qui sont inscrits dans la nouvelle liste. Je me ferai un devoir et un plaisir, comme leur doyen, d'en offrir à ceux qui desireront l'envoyer chercher, *rue des Saussaies*, n°. 11.

ÉLOGE

DE LOUIS XVI,

PAR

Pierre-Étienne REGNAUD, de Paris,

DOYEN DES OTAGES,

Et Défenseur du Roi Louis XVI.

At Rex erat sanctus et mitis !

Ombre sacrée !

Le jour où les discours sur ce pieux et inté-ressant sujet seront lus publiquement, il y aura vingt-six ans accomplis que vous commenciez votre sacrifice pour un peuple dont vous n'avez toujours cherché qu'à faire le bonheur.

Il y aura aussi vingt-six ans, que vos fidèles sujets n'auront cessé de vous rester attachés, et de vous montrer un amour sans borne, aussi pur que désintéressé.

Eh ! voilà qu'après un si long espace de

temps, pendant lequel ont brillé de sublimes vertus, comme de grands malheurs et les plus grands crimes ont pesé sur mon pays, une honorable compagnie de lettrés et fidèles citoyens, saisie d'une sainte admiration, animée par un louable et religieux sentiment d'une vive reconnaissance, nous propose « de » manifester notre respect et notre vénération » pour la mémoire d'un Souverain, victime de » son amour pour ses sujets. »

Noble et grande idée! quel plus beau choix pouvait faire cette compagnie! quelle plus intéressante matière, pour les peuples et pour les rois, pouvait nous être présentée!

Si j'ai gardé fidèlement mon serment, si je ne m'en suis pas écarté un seul instant, il peut m'être permis de continuer à célébrer des vertus que j'ai toujours admirées dans mon Souverain, des vertus qui le rendent le plus généreux d'entre les rois qui aient encore gouverné; des vertus enfin qui ont touché vos cœurs, Messieurs, et que vous avez su si bien apprécier.

Réunissons-nous donc aujourd'hui, pour répéter ensemble :

At rex erat sanctus et mitis!

Un lys d'or est la récompense que vous réservez au génie ; le lys est aussi la récompense de la fidélité.

Dans l'admiration où je suis de cet honorable don, *admirans venerabile donum*, qui brille à mes yeux, si je ne puis l'obtenir par mes talents, si mes forces épuisées se refusent aux efforts que je vais tenter pour le saisir, *cunctantem*, d'une main affaiblie par les années, du moins je m'en consolerai, en songeant que je l'ai mérité par une ferme et constante fidélité (A).

Tous mes écrits respirent ce respect et cette vénération pour les vertus de LOUIS XVI, qui l'ont porté à faire le sacrifice de sa vie par amour pour ses sujets, plutôt que de présenter une cause, ou même une apparence de prétexte à la guerre civile, en voulant faire valoir ses droits, et opposer son autorité. Il en a fait volontairement le sacrifice, dans l'espoir d'épargner le sang, d'éteindre le feu de nos divisions ; il se flattait toujours de nous rallier à lui pour nous rendre tous heureux. Hélas ! il n'a pu voir ses souhaits accomplis,

At rex erat sanctus et mitis !

Je vais essayer de recueillir dans ce discours, ce que j'ai dit de plus intéressant sur ce religieux et important sujet, pour qu'on puisse en conclure avec vous, Messieurs, qui nous en présentez l'occasion, que tout le bien que ce vertueux Souverain que nous avons méconnu, voulait faire, n'est pas perdu pour nous; qu'il s'effectue journellement sous son successeur, son auguste Frère, et que la seule manière de montrer notre repentir, comme de témoigner notre vénération et notre respect, est de nous jeter tous, d'un commun accord, innocents comme coupables, dans les bras de Louis XVIII, qui ne forme qu'un même esprit avec lui, qui ne veut, comme Louis XVI, que le bonheur de ses sujets.

C'est le seul parti que nous ayons à prendre, si nous voulons faire oublier nos torts, sauver la France, conserver la monarchie; si nous voulons jouir des bienfaits que Louis XVI cherchait à nous préparer, que Louis XVIII a arrêté dans son cœur, de répandre sur nous et célébrer en même temps les vertus de deux Princes généreux qui se sont unis et s'unissent encore au ciel et sur la terre pour nous pardonner.

Répétons donc parmi les hommes, et appliquons à notre Souverain, ce chant de louanges qui ne cesse de retentir parmi les anges,

At Rex erat sanctus et mitis!

(9)

Vertueux Roi! ombre sacrée! jetez du haut
du ciel, où vous jouissez en paix, dans les bras
de votre bienheureux ancêtre, aux pieds de
l'Éternel, le Roi des rois, de la récompense de
vos vertus... Jetez un saint regard sur votre
famille, toujours digne de vous, dans le besoin
où vous l'avez laissée de vos consolations;

Sur cette France, son héritage, qui ne peut
plus subsister, sans l'union et la paix entre nous!

Cette même fidélité qui nous animait pour
vous, au milieu de vos plus grands revers, nous
la conservons aussi pure pour votre auguste
Frère; et c'est aux pieds de votre fille chérie,
précieuse et unique portion de vous-même, que
nous jurons sur votre tombe, cette même fidélité à notre Roi, et à tous ses descendants, en
suivant la ligne, en suivant la loi, de l'auguste
et antique famille des Bourbons.

~~~~~~~~~~

Louis XVI, à l'âge de vingt ans, trente-deu-
xième Roi de sa race, monte sur le trône de ses
pères. Il en apprend la nouvelle, les yeux bai-
gnés de larmes; il adresse au ciel sa prière
pour le conjurer de l'aider à soutenir un si pe-
sant fardeau.

Qui ne se sent saisi d'un saint respect, et d'une
vénération profonde pour un jeune Prince qui
~~~~~~~~~~

manifeste ainsi, au ciel qui entend sa prière, avec cette joie qui réjouit les anges, et à la terre qui n'en était pas digne, une si belle ame!

Sa première parole est d'assurer ses peuples, qu'il prend sur lui les engagements contractés sous les règnes précédents, et qu'il y fera honneur. Sujets fidèles, vous savez que cette parole a été sacrée, jusqu'au moment où des insensés se sont emparés de son trône; s'il l'eût conservé, vous jouiriez aujourd'hui, en paix, de l'effet de sa promesse; elle n'eût point été vaine!

Malgré cet engagement qu'il était politiquement permis à un Prince de ne point contracter, il a la générosité de faire remise à ses peuples de son droit de joyeux avènement; impôt qui, sous le dernier règne, celui de son prédécesseur, avait passé 50 millions. Il est le seul de nos rois qui ait fait cette remise.

Par la nature et l'ancienneté de ce droit, cette remise n'était point de celles qu'on peut attendre, parce qu'il est naturel que les peuples viennent à ce moment intéressant, au secours de leur souverain; les temps présents en seraient une preuve, s'il fallait en rapporter. Aussi l'histoire a-t-elle soin de remarquer que l'empereur Antonin, dont la mémoire est si précieuse parmi les bons souverains, fit remise de cet impôt, à son avènement à l'empire. Louis XVI était digne de prendre Antonin pour modèle.

Prince religieux, malgré les discours séduisants des novateurs, fidèle au culte de ses pères, il en remplit le premier acte en se faisant, comme eux, oindre de l'huile sacrée; et pendant tout le cours de son règne, il ne s'est pas écarté, un seul instant, des devoirs que la religion prescrit; et l'on peut dire que, comme Louis IX, il en est mort victime.

Il abolit la corvée, sorte d'impôt odieux par sa nature, qui pesait principalement sur la partie indigente du peuple; il abolit la servitude personnelle, dont quelques-unes de nos coutumes avaient conservé d'anciennes traces.

Humain autant que Louis XII, autant qu'aucun de ses prédécesseurs, il abolit la question. Cette réforme humaine dans la loi, ne devait point nous entraîner dans des nouveautés, et faire déprimer notre ordonnance criminelle, une des plus belles de celles du glorieux règne de Louis XIV, et de la sagesse de ces grands magistrats qui l'ont immortalisé. La question abolie rendait, d'après même les jurisconsultes étrangers, tels que M. Burke et autres qui le disent formellement, cette ordonnance, une des plus sages, des plus humaines que puisse avoir un peuple policé; c'est aussi ce qu'a démontré M. Séguier, avocat-général, dans ses éloquents réquisitoires, en réponse aux novateurs.

Il serait difficile de citer un souverain qui ait donné plus de preuves d'humanité; l'histoire en fournira des traits multipliés. Cette vertu est si belle, qu'on ne peut la définir; en elle, toutes les autres sont comprises. Aussi s'occupait-il, lorsqu'il a été renversé de son trône, de soulager l'indigence malheureuse. Il avait déjà examiné plusieurs fois dans son conseil, les plans qu'il se proposait de faire exécuter, pour multiplier les hôpitaux dans sa capitale, et rendre les secours plus utiles et les lieux plus salubres.

Comme ses pères, comme les Rois ses augustes prédécesseurs, il honorait cette ville d'une affection particulière. Ne rappelons point des temps malheureux, déchirons les feuillets de notre histoire, qui ont pu en transmettre le souvenir; disons qu'aujourd'hui la fidélité la plus pure s'occupe d'en effacer les traces, et que nos enfants montent aux barrières du Louvre, une garde fidèle, pour défendre et protéger nos Rois. Comme au pas des Thermopyles, tous étaient prêts à y périr, à sacrifier leurs vies dans nos der-

niers dangers; ils l'avaient juré à leurs pères,
ils en faisaient le serment aux pieds du Roi
qu'ils baisaient, dans ses mains qu'ils mouil-
laient de leurs larmes.... Ils l'eussent tenu,
nos enfants, cet honorable serment!.. j'en
jure par les miens, si la sagesse et la prudence
de la famille Royale, jointes aux conseils des
souverains alliés, donnés par leurs ambassa-
deurs, n'en eussent autrement ordonné.

Cette prédilection particulière pour sa capitale, n'ôtait rien de son amour pour ses
provinces. Le voyage de Cherbourg restera
dans les annales de ce règne, comme un monument de l'affection de l'antique province de
Normandie, et de la tendresse du Roi pour des
sujets aussi dévoués.

La fidélité incomparable des braves Bretons,
à une époque bien critique, toucha sensible-
ment le cœur de ce prince infortuné; il ne
l'eût point oublié, si... *si fata aspera rupisset;*
c'est une dette sacrée que, comme bien d'autres, il a laissée à son successeur qui journellement les acquitte, autant que les circonstances
critiques peuvent le permettre à un cœur re-
connaissant.

Les Rois ne sont point *d'illustres ingrats,*
comme l'a dit la méchanceté; souvent ils ignorent, plus souvent ils sont trompés, et aussi
quelquefois le sujet prise trop ses services, ou

les Rois ne peuvent pas toujours faire ce qu'ils voudraient.

Au surplus, ce n'est pas là le caractère des Souverains que nos malheurs ont rassemblés auprès de nous ; on ne peut leur appliquer cette sentence triviale et encore plus révolutionnaire ! C'est bien à tort que dernièrement elle a été mise en avant dans nos papiers publics, pendant que tous les rois de l'Europe étaient rassemblés dans cette capitale qu'ils honoraient par leurs bienfaits et par leur présence. Le mal partiel qui est résulté du séjour de leurs troupes, quoique bien disciplinées, était inévitable : nous nous l'étions nous-mêmes attiré ; et c'est de ce mal partiel que doit sortir le bien général pour la société entière.

Lyon, cette ville dont la fidélité n'a cessé de surpasser les malheurs ; Orléans, si connue dans nos révolutions par cette courageuse fidélité ; Dijon, toujours la même pour ses Rois ; Bordeaux, Toulouse et autres grandes villes du midi, qui des premières avez vu paraître sur le sol français, la tige des lys, s'élever, croître, se développer ; qui depuis, en l'arrosant de votre sang , avez donné tant de preuves de fidélité à la fille de vos Rois , toutes alors dans ces heureux temps, qui n'eussent dû jamais finir, et qui seront rappelés un jour avec gloire dans l'histoire, vous vous êtes empressées de donner à votre Roi bienfaisant des marques apparentes de votre reconnaissance; et d'un bout du royaume à l'autre ce vertueux Prince avait gagné le cœur de tous ses sujets.

Laborieux, il s'occupait sans cesse du bien de ses peuples; si on eût laissé aller le cours de son règne, il eût été celui d'un Roi aussi habile que bienfaisant.

C'est ce noble desir de faire le bien de ses peuples, qui est la cause première de l'assemblée de ses états. Il ne voulut point la refuser au vœu unanime de la nation; et il a montré tout ce qu'il voulait faire pour elle, dans sa déclaration du 21 juin 1789, monument de son amour, comme de sa sagesse, loi qui devait nous rendre tous heureux, loi qui achevait de consolider le gouvernement de ses pères, l'antique et majestueux gouvernement français, qui montrait toujours une belle vieillesse, *cruda Deo, viridisque senectus*; il demandait seulement quelques légères réformes, prudemment faites, adaptées aux temps, telles que pouvait en présenter cette loi, si des insensés qui veulent tout détruire, sans réformer sagement.... ou plutôt si nos crimes dont il fallait que nous fussions punis, ne nous avaient pas rendus indignes d'être gouvernés par un Roi si bienfaisant, sous lequel on pouvait tout entreprendre pour faire le bien, sans craindre d'être arrêté par aucun obstacle ; enfin sous un Roi qui accordait plus qu'on ne lui demandait, plus que n'avait fait aucun de ses prédécesseurs.

Puissent aujourd'hui la conviction de nos fautes, un sincère repentir, nous ouvrir les yeux, et nous rendre plus sages ! puissions-nous mériter les bienfaits qu'un successeur éclairé et aussi zélé pour le bien de ses peuples, nous présente !

Louis XVI fut, de tous nos Rois, le plus économe, uniquement par amour pour ses peuples.

Travailler au bonheur des peuples, était devenu une passion à la mode ; assurément cette passion est noble : mais quelquefois pour vouloir faire mieux, on tombe dans le mal ; le mal est si voisin du bien, qu'il faut beaucoup de sagesse et de prudence pour ne point s'écarter de la ligne. Des écrivains plus téméraires que sages, plus sensibles qu'éclairés, avaient égaré les esprits sur cet important objet. Ils voyaient le bien en théorie, et ne jugeaient point qu'il est beaucoup plus difficile à pratiquer.

Louis XVI avait le cœur fait pour suivre cette noble passion ; des ministres plus philosophes qu'hommes d'état, échauffèrent encore en lui cette séduisante passion. Elle est celle des grands souverains ; nos temps présents nous en donnent des exemples : les souverains se sont unis tous pour préparer le bonheur des peuples, pour apporter la paix au monde.

Qu'elle était pure cette passion dans Louis XVI ! est-ce sa faute plutôt que la nôtre, si alors elle n'a point été utile ? Ce Prince est justifié par ses deux déclarations des 21 juin 1789 et 23 juin 1791 ; si on les eût suivies, la France eût été heureuse, l'Europe et le monde entier n'eussent pas été bouleversés.

Louis XVI est justifié par son testament, monument éternel de la beauté et de la pureté de son ame ; elle s'y montre à découvert.

Le bien qu'il voulait faire ne sortait point de la ligne de la sagesse et de la prudence; quelques légères réformes eussent suffi, et il nous appelait pour les faire de concert avec lui. Quelle sagesse dans ses discours à l'assemblée! c'est un père qui parle à ses enfants. Toujours il nous mettait sur la voie et dans le droit chemin, toujours nous nous en écartions ; c'est nous qui nous sommes égarés, c'est nous-mêmes qui nous sommes perdus. Pour faire le bien, comme pour ne point en abuser, ce n'est point l'esprit qu'il faut, c'est le bon sens ; nos pères étaient heureux sous le bon Louis XII, sous le bon Henri, qui étaient aussi simples qu'eux.

Ces sages réflexions doivent servir d'avertissement aux Souverains qui ont l'ame de Louis XVI, qu'ils fassent bien attention qu'avec la meilleure volonté, souvent ils ne viennent pas à bout d'exécuter tout le bien qu'ils projettent, qu'ils voudraient faire.

Ses connaissances dans la marine, dans les arts qu'il protégeait, le placeront au rang des princes qui ont fait fleurir leur gouvernement. Il encourageait les manufactures avec un zèle qui faisait voir qu'il les eût créées, s'il ne les eût point trouvées établies.

Dans l'intérieur, il était le plus doux des hommes (a dit l'estimable historien de sa vie) et le plus clément des princes. Il fut le modèle des époux, le meilleur des frères, et le plus tendre des pères, comme nous allons bientôt le voir.

Digne fils de S. Louis, il sera cité parmi les Souverains, comme un exemple rare de la chasteté conjugale ; aussi il fut nommé *le Restaurateur des mœurs*. Et pour tout dire en un mot, il était, comme particulier, le plus *honnête homme* de son royaume ; et comme Souverain, un prince dans lequel toutes les

vertus se trouvaient réunies, sans le mélange
d'aucun vice.

Sous un Prince si bon, sous un gouvernement aussi sage, le royaume français était par-
venu à un point de considération, qui le faisait
respecter et honorer de toutes les autres puis-
sances. Plusieurs souverains étaient venus en
personne rendre hommage aux vertus privées
de ce digne Monarque. Il en était résulté une
liaison intime qui rendait Louis XVI, l'ami de
tous les potentats de l'univers.

A l'époque de la révolution en France, on
n'aurait pu nommer un mauvais prince en Europe. En aucun temps les nations policées n'a-
vaient été régies par des Princes plus doux, plus
humains ; le vertueux Louis XVI, au milieu de
ces rois, s'elevait comme un cèdre, et la France
en particulier pouvait se dire la nation la plus
fortunée de la terre.

Par quelle fatalité est-il donc arrivé que
nous ayons pu méconnaître un prince si bon,
qui ne s'occupait qu'à consolider notre bonheur, et qui nous donnait l'exemple de toutes
les vertus !

Mais on voulait la révolution. La calomnie
ne cessait de lancer ses traits envenimés contre
les rois et particulièrement contre Louis XVI
et sa famille, contre nos plus grands rois et

leurs sages ministres. La bonté de Louis XII, la clémence d'Henri IV n'étaient plus que des vertus communes, et la splendeur du règne de Louis XIV, était représentée comme un faux clinquant, comme un vrai charlatanisme.

A Dieu ne plaise que j'entre ici dans le gouffre de crimes qui s'ouvre à mes yeux, où le plus vertueux des rois, où la plus belle monarchie de l'univers ont été précipités ! Je plains mes concitoyens plus que je ne les accuse ; mais puisque nos yeux s'ouvrent aujourd'hui pour reconnaître nos torts, réparons les ; suivons cette noble impulsion qu'une compagnie de sages et vertueux citoyens a le courage de nous présenter pour reprendre le droit chemin ; marchons d'un pas ferme avec elle, sous l'étendard du lys qu'elle élève, comme jadis l'oriflamme aux preux chevaliers ; achevons de montrer toute l'étendue du profond respect et de la grande vénération dus à un si bon Roi, dont on ne peut faire trop l'éloge ;

At Rex erat sanctus et mitis!

Si Louis XVI est devenu la victime de son amour pour ses sujets, c'est que cet attachement qu'il portait à ses peuples, était en effet une des plus belles vertus de son ame. Que de moyens se présentaient à ce Prince pour résister aux factieux ! Presque tous les rois de l'Europe se seraient unis à sa cause ; tous ses sujets ne s'étaient point encore mis en révolte ouverte contre lui ; il avait un fort parti dans l'armée ; il n'y avait point d'exemple dans l'histoire que jamais cette armée eût manqué de fidélité à ses souverains ; et pour en venir à ce point, nous le dirons avec autant de satisfaction que de vérité, il a fallu employer plus de trois années d'intrigues et de séductions, et jamais même le degré de révolte où l'on voulait l'amener, n'a été totalement prononcé ; ce noble sentiment de fidélité pour son Roi, ce sentiment inné pour le sang des Bourbons, perçait à chaque instant.

Au surplus, les derniers événements, quelque tristes qu'ils se soient montrés, ont fixé à cet égard la ligne qui doit servir de règle, pour apprécier cette fidélité, dans le militaire comme dans le civil. Cette ligne sage doit être la mesure de notre conduite, pour apporter, au milieu de nous, la paix et l'union, et faire cesser tous reproches.

Ceux qu'une fidélité constante a toujours distingués, n'ignorent point qu'au ciel et sur la terre, un sincère repentir équivaut à une conduite pure et sans tache. Heureux ceux qui ont pu l'avoir ! ils jouissent dans l'intérieur ;

nòn moins heureux ceux qui ont su réparer
leurs fautes ! ils s'efforcent de gagner la confiance ; et leur sincère retour n'ôtant rien au
mérite des premiers, devient une nouvelle joie
au ciel et sur la terre ; et les hommes et les
anges entendent cette voix douce et consolante :
« J'ai bien du plaisir à vous voir... tous réunis :

» APPROCHEZ , MES ENFANTS ; JETEZ — VOUS
» DANS LES BRAS DE VOTRE PÈRE ! »

Journellement ses sujets dévoués lui don-
naient les plus grandes preuves et les assu-
rances les plus convaincantes de leur zèle ,
dans leurs biens et dans leur vie. Il avait *ses
amis*, dans de courageux écrivains qui répan-
daient la saine doctrine , qui soutenaient les
vrais principes ; ils étaient en petit nombre, la
mort les a encore réduits ; mais ceux qui ont
survécu , lui sont demeurés fidèles. Il avait *ses
otages* : avec eux , c'était à la vie et à la mort.

Ce Prince n'avait qu'un mot à dire , un signe
à faire , la fidèle portion de sa noblesse , dans
ses châteaux en province, dans son palais à
Paris , était sous les armes ; et dans l'ordre du
tiers. pères et enfants , nous n'attendions que
le signal pour nous joindre à elle.

Le clergé , ce corps vénérable , priait ,
exhortait, et les mains élevées au ciel , offrait

tous les jours sa vie en sacrifice pour son Dieu, pour son Roi, pour son pays.... cette malheureuse France!

Mais il fallait engager la guerre civile, et toujours ce bon Prince était arrêté par ce sentiment d'amour pour ses peuples. De jour en jour, il attendait un heureux retour dans ses bontés; il craignait également de faire répandre le sang de ceux qui lui étaient fidèles, et de voir périr les autres qu'il ne cherchait qu'à ramener.

Les factieux demandent à grands cris la guerre étrangère; lui seul, dans son conseil, s'y oppose. Il vient ensuite déposer dans le sein de l'assemblée sa protestation contre cette guerre, énoncer que c'était contre son vœu, contre son avis qu'on allait l'entreprendre, qu'il rendait son conseil et l'assemblée responsables de tout le sang qui allait être versé.

Ah! depuis, que de sang a coulé! combien ces guerres injustes en ont fait répandre! Elles ont porté l'effroi dans le sein des mères; les pères ont versé des larmes de sang; la France et l'Europe regretteront long-temps leur brillante jeunesse, cette jeunesse aveuglée:

Bellantum juvenum, cœco sub Marte, cadentum!

Ce Prince généreux avait une si haute idée

de ses devoirs envers Dieu et envers les hommes, qu'il craignait toujours de ne pas les remplir au gré de ses desirs.

Quelle noble résistance il a montré aux changements que les novateurs ont tenté de faire à une religion qui ne peut changer! Il consultait ces vénérables évêques, ces pieux pasteurs qui, d'un pas ferme, sans détourner la tête, marchaient dans le droit chemin; et c'est d'après leurs conseils que ce Prince a remis sa cause entre les mains de Dieu, et que, semblable à son divin maître, il a fait volontairement le sacrifice de sa vie, pour épargner le sang de ses sujets, pour sauver son peuple.

Alors, il s'est dévoué comme une victime, en expiation de nos crimes.

Avant de le voir consommer ce sacrifice, de devenir la victime de son amour pour ses peuples, montrons à la France coupable, à nos enfants, à notre postérité, et aussi au monde entier (car ce sujet est si intéressant pour l'humanité, qu'il ira remplir d'effroi les deux mondes), montrons à l'univers, sa constance, sa fermeté, son courage dans ses revers, dans ses douloureuses afflictions. C'est une grande leçon, que de voir la vertu aux prises avec le malheur; elle corrige peu les hommes, car ils viennent encore de livrer sous nos yeux un terrible combat à la vertu.

Quel calme montre ce généreux Prince! avec quel sang-froid, il se présente devant les factieux, dans ces terribles journées dont la mémoire fait encore frémir; dans ces journées, où sa compagne éplorée se sauve de sa couche nuptiale, pour éviter le fer trompé qui va la percer; dans ces journées où toutes les piques sont levées contre elle et contre lui! « Sauvez » la Reine, » s'écrie-t-il, en adressant la parole à ses fidèles serviteurs; et se retournant vers les factieux : « mets ta main là, et dis si » mon cœur frissonne ? »

Qu'ils sortent de la mémoire des hommes, ces jours affreux, *excidant illæ dies;* qu'ils ne soient plus comptés au nombre de ceux qui règlent notre existence!

Excidat illa dies, fatale journée du 10 août, où, réfugiés lui et sa famille dans le sein de l'assemblée, croyant y trouver asyle et protection, lui et sa famille n'y trouvent que la prison et les fers;

In æternum excidat illa dies!

Si mon ame affligée perce jusque près de la sienne, dans cette prison du Temple où il est enfermé, et que je monte à cette tour fatale, quel religieux spectacle saisit mon cœur et se présente à ma vue! ce n'est plus une prison, c'est l'asyle, le temple, le séjour de la vertu; des êtres divins l'habitent!

Environné d'une famille qu'il chérissait tendrement, d'une compagne dont l'esprit et la figure, les grâces et la douceur faisaient depuis vingt ans son bonheur; d'une compagne qu'il chérissait d'autant plus qu'elle était injustement accusée, et que ces calomnies atroces avaient pour cause la révolution même;

D'une sœur qui avait sacrifié pour lui ses plus beaux jours; d'une sœur qui lui était d'autant plus attachée, qu'un même penchant pour la vertu semblait les unir encore plus étroitement; elle le serrait dans ses bras, sur son sein, pour consoler son Roi, pour consoler son frère;

A ses pieds, deux enfants de sexe différent, que la nature s'était plu à embellir, sur lesquels elle avait prodigué ses grâces et ses faveurs... sans doute pour des temps plus heureux;

Ce père, d'une figure céleste, sur laquelle on remarquait déjà ces traits radieux, aurore de la gloire qui l'attendait au ciel, ce père jouissait encore sur la terre, de quelque bonheur; il jouissait de ces tendres consolations que la nature réserve aux hommes vertueux, lorsqu'ils sont grandement frappés par des coups inopinés du sort; et les caresses de ces

tendres enfants, embrassant ses genoux, mouil-
lant son visage et ses mains de leurs larmes,
apportaient de l'adoucissement à ses terribles
afflictions.

Il s'occupait à leur montrer, dans sa prison,
le latin et la géographie, et par des leçons rem-
plies d'une douce morale, il formait leurs
jeunes cœurs à la vertu.

Ah! France! ah! ma chère patrie!.. il eût
eu les vertus de Louis XII; il eût été pour nous
un second Henri!

Eh vous! adorable Princesse, seul objet qui
nous reste de tant d'objets chéris; ne soyez
donc plus étonnée si, lorsque nous vous ren-
controns, lorsque nous vous apercevons, nos
yeux se mouillent, les larmes coulent d'elles-
mêmes.... C'est notre seule consolation, notre
unique plaisir, que de les répandre.... et mon
ame jouit toute entière, pendant que ma main
trace ces lignes!

Mais une cruauté infernale ôte encore à ce
Prince cette dernière consolation. L'ordre est
donné : on le sépare de sa famille, pour com-
mencer son procès.... ou plutôt pour lui
voir consommer son sacrifice.

Vous qui l'avez défendu dans ces jours d'afflictions, fidèles et courageux sujets, sans en
être restés les victimes; vous qui avez survécu

à votre noble dévouement (car le vertueux Malsherbes jouit auprès de lui, de sa récompense ; ils ne se quittent pas plus au ciel que sur la terre), dites avec quel courage il a comparu devant ce tribunal de sang? sa présence faisait pâlir le crime, et ses réponses déconcertaient ceux qui osaient le juger, en même temps qu'ils l'accusaient.

Ce Prince a soutenu ce caractère de fermeté et de résignation, jusqu'au moment où la France, couverte d'un voile funèbre, a caché sa douleur à la terre ; ses fidèles sujets ne l'ont plus revu, que montant au ciel, où il a été joindre les anges, et prendre la place qui l'attendait auprès du bienheureux chef de sa famille, qui sans cesse veillait sur lui, et dont ce Prince avait imité les vertus sur terre.

Ah ! Messieurs, honorable compagnie, aussi lettrés que vertueux citoyens, lorsque vous lirez ce discours, il y aura vingt-trois ans accomplis, et la vingt-quatrième année s'ouvrira pour annoncer l'anniversaire de ce jour fatal !... Il approche..... nous y touchons..... eh! ce jour ne serait pas pour nous, un jour de jeûne, de deuil et de douleur ! si ; il le sera : les traces de sang n'en seraient pas effacées par nos larmes? si ; elles le seront !

Honneur à cette sage compagnie, qui, la

première, a proposé à la France d'acquitter une dette sacrée qu'elle avait à remplir, et qui indique par-là ce qui lui reste à faire !

Depuis vingt-deux ans, une réunion de sujets dévoués n'a pas manqué une seule année, de remplir dans le silence et dans la retraite, au milieu des plus terribles persécutions, un devoir religieux ; elle le demande hautement aujourd'hui, avec vous, Messieurs, avec vous qui nous avez invités comme citoyens, à montrer notre respect et notre vénération pour les vertus de ce Roi-martyr. C'est par le deuil, le jeûne et la pénitence, que nous honorerons ses cendres, après avoir honoré sa vie ; et nous nous réunirons tous pour remercier le ciel de ce que, par les ferventes prières de ces deux saints Louis, ils ont obtenu l'un et l'autre, du souverain maître, de nous rendre notre Roi légitime. . . . .

Il était le désiré des nations ; la France et l'Europe, le monde entier l'attendaient pour apporter la paix aux différents peuples, et à nous en particulier l'union et l'oubli de nos cruelles divisions, qui, par leur durée, menaçaient de bouleverser la terre.

Louis XVIII entouré de ministres qui se montrent fermes et courageux pour opérer le bien; fort de sa déclaration, rendue à l'exemple de son illustre ancétre, Philippe-le-Bel, en 1302, qui après de violents orages, a su tranquilliser la nation par un bienfait nouveau et inattendu, en admettant un tiers ordre dans nos états, Louis XVIII va trouver dans ses deux Chambres, un puissant soutien; nous en avons pour garant. . . . . nos fautes. . . . . ayons le courage de les avouer. . . . nos malheurs passés, nos malheurs présents; mais un garant plus sûr et plus certain, c'est cette fidélité innée dans les cœurs français, pour le sang des Bourbons, pour le sang de nos Rois : fidélité si long-temps comprimée, et qui aujourd'hui sort de tous les cœurs, éclate dans toutes les parties du royaume. Elle nous assure l'union dans les deux Chambres, et cet accord sage, prudent et modéré que demandait Louis XVI, avec l'autorité royale; car il ne faut pas perdre de vue, que cette autorité est le pivot sur lequel roule sans cesse l'ordre du gouvernement, comme le disait le chancelier L'hopital, qui a sauvé l'état dans des temps à peu près pareils, où il fallait montrer aux esprits divisés ce fanal qui fera toujours éviter les naufrages.

Aidé de ces nouveaux conseils, appuyé de la confiance et de la vénération des peuples et des rois, que ce Prince a su mériter par sa constance dans ses malheurs; Louis XVIII va ac-

(31)

complir les desseins qu'avait conçus Louis XVI,
de nous réunir tous dans les mêmes sentiments,
et de n'avoir qu'un même cœur et qu'un
même esprit.

A l'exemple de Louis XVI, et comme fidèle
exécuteur de son testament, IL PARDONNERA!
mais il ne doit point oublier que comme lui,
comme César, il ne faut pas être clément jusqu'à s'en repentir : *Erudimini reges terræ* ! et
revivant en entier dans ce vertueux Prince,
Louis XVIII guérira nos plaies, et nous fera
oublier nos malheurs.

INVOCATION.

*Revenez heureux temps de nos pères à
l'époque des États assemblés sous Louis XII!
La France avait alors, comme aujourd'hui,
dans sa fille aînée et M. le Duc d'Angoulême,
un gage de son amour, de son respect, de sa
tendresse, pour le meilleur des Rois, qu'elle
appelait ses Délices; revenez heureux temps
où nos pères réunis dans les trois ordres,
s'écrièrent d'une commune voix:*

VIVE NOTRE BON ROI, LE PÈRE DE TOUS
LES FRANÇAIS ! DIEU DU CIEL, CONSERVEZ-
NOUS NOTRE PÈRE !

Heureux et honorés des mêmes gages d'a-
mour, répétons donc aussi notre cantique
céleste :

Vivat Rex noster, sanctus et mitis !

NOTE.

(A) Page 7.

Le Roi a accordé à l'Auteur des lettres de noblesse ; elles expriment que « c'est pour le récompenser de sa » ferme et constante fidélité. » Les preuves en sont rapportées dans ses lettres.

Sa Majesté lui a permis de prendre pour armes un lys d'or, portant trois fleurs d'or, un chien d'argent couché au pied, avec cette devise : *Mira fides !* et aussi de prendre le surnom, dit *de Paris*, sous lequel il s'est toujours fait connaître par ses écrits.

Lorsque l'Auteur a été admis devant Sa Majesté, pour lui faire ses remercîments, le Roi a daigné lui adresser ces douces et consolantes paroles :

« J'ai bien du plaisir, Monsieur, à vous voir. »

Ce Discours demanderait d'être accompagné de notes importantes ; il est bien dans l'intention de l'Auteur de s'en occuper, si Dieu lui conserve ses jours.

J'apprends dans le moment, que le Concours est encore prorogé jusqu'au 1ᵉʳ. Avril prochain, m'étant fait connaître, je ne puis plus y être admis, et vu mon âge, je n'y serais peut-être plus. Il me suffit d'avoir pu donner une preuve de mon zèle à célébrer les vertus de mon Souverain, dans mes vieux jours, comme je lui en ai donné de mon courage, dans la force de mon âge, à défendre son innocence.